A la orilla del camino

Jorge González Moore

A la orilla del camino

Jorge González Moore

EDITORIAL JGGM

ISBN 978-958-46-2141-2

Primera edición: mayo de 2013
Segunda edición: febrero de 2015

Editado por **Editorial JGGM**, mayo de 2013
Aberdeen, Escocia, Reino Unido.
j.gonzm@hotmail.com
jorge.gonzalezmoore@asu.edu

Diagramación: Eduardo Forero Ángel
Fotomecánica, impresión y encuadernación: **Editorial JGGM**
Impreso en Bogotá, Colombia, febrero de 2015

Para todos aquellos,
que sin esperar nada a cambio,
se esmeran por hacer de este mundo
un lugar feliz

y a mis lectores,
por creer que es posible.

Agradecimientos:

A mi familia, amigos y lectores
por su generosidad
y por acompañarme en este camino.

Aberdeen, Escocia, Reino Unido 2013.

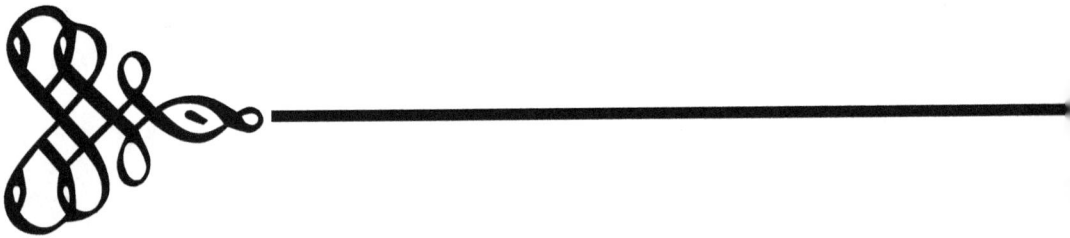

Prólogo:

Somos viajeros de tiempo completo. Turistas avanzando por extensos caminos que se abren a nuestros pies. Por recorridos inciertos y deslumbrantes. Por distancias y tiempos inmensurables. Viajamos ansiosos de un destino que nos acoja y nos ampare, que nos dé un respiro en esta extensa y dura travesía. Que nos brinde la calma para no seguir avanzando. Un destino que nos muestre que ya llegamos, que después de tanto recorrido hemos pisado tierra firme, que el camino por fin ha terminado y así poder descansar.

Pero por más kilómetros que recorramos, por más siglos que transcurran. No importa cuánto luchemos y corramos, no importa que tan engañoso sea el espejismo en el desierto, ese distante punto en el horizonte no aparece, y es duro entender que nunca vamos a llegar.

Porque no somos más que caminantes, y por eso, nuestro destino está en el mismo viaje. En lo que nos acompaña. En lo que nos da de respirar. Está en lo que nos acaricia el rostro en cada paso y nos hace mirar de vez en cuando hacia un costado. Para entender que el punto distante que nunca vimos ha estado siempre a nuestro lado. Acompañándonos en cada caída y en cada respiro, en cada dolor y en cada alegría, llenándonos de fuerza y enriqueciéndonos con aventuras, porque lo importante no es nuestro destino, es todo lo que está **a la orilla del camino**.

Ahí se esconde la magia.

Ahí es donde debemos buscar.

Carlos Esteban Orozco Posada
Bogotá, Colombia, 2013.

Introducción:

En este tercer libro estoy consolidando la evolución de mi concepto literario,
para aportar de forma modesta a la literatura,
el cual consiste
en usar el espacio mismo
como la estructura
sobre la cual se construye el texto
y se debe hacer la lectura.

Cada frase o pensamiento,
se despliega conscientemente en la hoja por fragmentos
y el espacio es un componente gramatical
y de redacción
que permite generar pausas e instantes de reflexión necesarios para trasmitir
y hacer entender el mensaje basándose en una idea inicial
seguida con un cambio repentino o circularidad,
entre otros mecanismos.

Mi objetivo es que el pensamiento sea leído e interiorizado
de una manera más impactante y resuelta
a diferencia de cuando se plantea la misma idea
con el texto desbocado en el espacio
y en la cual los signos gramaticales no dan abasto para expresar
el sentido que quiero entregar.

A su vez
cada frase es parte de un infinito
del cosmos de posibilidades de las ideas y vivencias.

Creo que la literatura debe ser percibida con tantos sentidos y maneras
como sea posible,
y he aquí un aporte que permite generar una manera diferente
de usar el universo que es la página
al modelar la redacción dentro de ese espacio-tiempo
que es la hoja-lectura.

He utilizado este concepto y esquema
para construir la prosa de esta introducción.

En el área de poesía
he hecho un experimento con el poema "Premoniciones"
el cual puede leerse en orden de principio a fin,
como del fin al principio,
encontrando nuevos mensajes y melodías.

Espero les gusten estos conceptos
y este nuevo libro.

Aberdeen, Escocia, Reino Unido 2013.

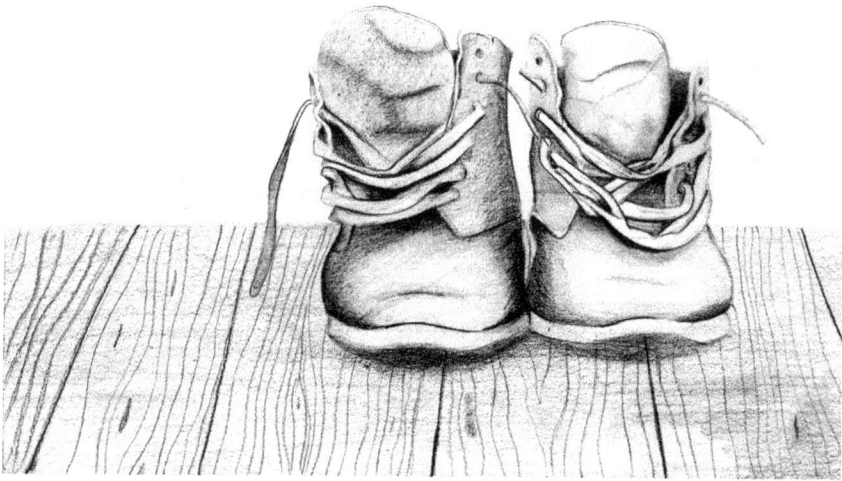

PENSAMIENTOS Y REFLEXIONES

Vivir la fortuna sin igual
de disfrutar la vida siendo verdadero,
con esperanza en el porvenir,
rodeado de gente que nos ama
y que nos da gusto amar.

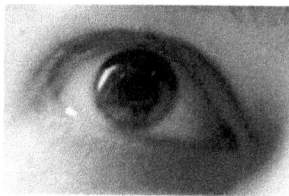

I. Recorridos

Sabio es quien logra construir sostenibilidad.

Se sabe quien es el individuo por sus frutos.

La verdad simplifica.

Cuando la gente es enfrentada a su propia imagen,
las personas faltas de carácter siempre atinan a concluir
que lo defectuoso ha de ser el espejo.

Teniendo el poder para ser profeta de lo extraordinario
y de lo catastrófico, la gran mayoría escoge lo último.

El ciudadano debe recordar
más sus deberes que sus derechos.

Death touches us all. It is just a matter of time and place.
It is useless to resist the inevitable,
but where there is hope there is a chance for life.

Lo que nos sirvió en el pasado ya no nos sirve ahora,
por ello es que debemos ser flexibles y fluidos
para adaptarnos continuamente.

Lo que más desgasta de una enfermedad
es el agotamiento sin tregua que esta va produciendo.

La devoción total a un único valor moral
desencadena en tragedia.

La guerra entre naciones conlleva a la desgracia,
pero la guerra civil de una nación produce ruina
por cuanto divide familias y amigos.
La paz posterior a la guerra civil es frágil
producto del odio y la sed de venganza
de sus participantes.

Creo que lo más parecido al purgatorio
debe ser el ser paciente
de una sala de urgencias de un hospital.

Quien más pierde por el hecho
de ser incapaz de escuchar a los otros
es uno mismo.

Es más fácil vencer al contrario por agotamiento que por lucha.

El mayor reto de un líder es su propio carácter,
así como aprender a dudar de su orgullo e instinto
para cambiar su perspectiva de pensamiento.

Not showing doubt is a sign of conviction
as well as of foolishness.

En la telaraña que es nuestra vida
hay que tener en cuenta que esta depende,
más de lo que quisiéramos,
de las acciones e inacciones de los demás.

Hay personas muy exitosas cuando de fracasar se trata.
Inclusive hay algunos empeñados en fracasar.

Todo vicio es un hábito, pero no todo hábito es vicio.
El buen hábito es rutina y disciplina.

El cambio ocurre si es la base de la organización
la que lo entiende y realiza.

La constante del subdesarrollo es el miedo
y la incapacidad de asumir compromisos.

La vida es una apuesta.

Es fácil hablar de valores
cuando no se vive la cruda realidad.

La mejor inspiración para escribir es leer.

No se debe confiar en la facilidad y la convicción
que otorga la abstracción.

La reflexión apropiada considera,
siente y pesa todas las consecuencias.
Nada más alejado del fanatismo
que la reflexión adecuada.

No hay tiempo para el miedo.

Si los políticos cumplieran sus promesas
entonces desde tiempos inmemoriales
el mundo sería un lugar de ensueño.

Un líder es afecto a la responsabilidad.

Triste es cambiar de amo sin darse cuenta
que seguimos siendo esclavos;
con suerte al menos somos libres
de escoger a nuestro amo.

La gente olvida lo elemental; que la guerra termina
únicamente ganándola.

El periodista se ha convertido en un juez
con un medio de comunicación como guillotina.

Hay gente que utiliza su memoria
sólo para atormentarse.

La mala suerte es irresistible.

La vida es un accidente controlado.

Lo más parecido al amor es la fe.

El resentimiento ha sido el combustible
de los salvajes más grandes de la historia.

Quien desconfía de los demás no tiene sorpresas,
salvo cuando los otros lo tratan bien.

Se aprende a valorar las cosas
cuando entendemos que el otro
nos ayuda sin tener obligación de hacerlo.

La globalización es tan nueva como los primeros imperios.

A las mujeres les gusta que los hombres las dirijan
exclusivamente en aquello en lo que quieren ser dirigidas.

La semilla de la opinión
tiene como fruto la inteligencia.

La vida es una apuesta en la cual tenemos
la opción de cargar un poco los dados;
al menos en parte obedece a nuestra decisión.

Pensar en lo que no corresponde
es la chispa que enciende el infortunio.

In the end, individual goals may change in time because of the
individual motivations. Sometimes it is not about who has the
resources but who has the drivers to keep on going against all
the odds. Nevertheless, reality beats all that, and if you do not
entirely understand what you are against to, no plan is going to
work. All things been said, nothing is certain and that is why
risks must be taken.

Success is to know what to do and doing it.
A mistake is to know what to do
and don't doing it, hence destroying value.
Failure is not knowing what to do
and doing something else
that destructs even more value.

La torpeza es una cualidad humana,
los animales nunca son torpes.

Sufrir no hace justo a nadie.

Siempre es un momento histórico.

Lo más incomprendido es la razón.

Los momentos y las cosas dependen de con quién se compartan,
el mismo momento y cosa puede ser dicha o tragedia.

El problema de las guerras
es que una vez que todos están muertos
los sobrevivientes pueden sentirse solitarios.

La forma de comunicación más eficaz y rápida
es el pánico.

Se requiere una gran parte de la vida
para poder hacer lo que se quiere y luego no se puede
porque hay que dedicar lo que queda de vida
para dar buen ejemplo.

Un secreto que involucre a más de dos personas deja de serlo.

Los buenos modales son rentables.

Qué es lo que la vida se esmera en enseñarnos a cada instante
sino prudencia.

Los políticos son expertos en eludir la realidad.

Lo más difícil de ocultar es el afecto.

Somos esclavos de nuestra irresponsabilidad
y víctimas de nuestra responsabilidad.

La felicidad es proporcional a la autonomía.

El propósito de un líder es crear equipos extraordinarios.

Una vez ocurridos los hechos a todos les empiezan a parecer
que los antecedentes eran premonitorios.

Las peores decisiones son aquellas
que se toman basados en argumentos coyunturales
con el propósito de solucionar temas estructurales.

Los sabios y los tontos se parecen
por cuanto ninguno aprende de sus errores.

Somos cómplices de nuestra realidad.

Con delirante entusiasmo el pueblo celebra
la eliminación de sus derechos.

Los vencedores suelen tener
muchos aliados y amigos.

Nuestras decisiones debieran hacernos llegar donde queremos.

Cuando se es testarudo para entender la realidad
no hay señales ni realidad que valga.

Mis momentos de inteligencia ocurren
cuando escucho sin prejuicios a los demás.

El problema de la experiencia
no solamente radica en que enseña muy lentamente
sino que enseña tanto buenos como malos hábitos.

El liderazgo debe ser estratégicamente pragmático
y pragmáticamente estratégico.

Se debe buscar ser autónomo en lo importante
y dependiente en lo trivial.

Se puede razonar con el inadecuado
tanto como se puede razonar con el cáncer.

Para un buen diseño los recursos más importantes
son la inteligencia y el buen gusto.

Aunque no parezca, lo que hace más feliz la existencia
es la innata capacidad de olvidar.

La diferencia entre lo que es y el deber ser de las cosas
es directamente proporcional
a la desgracia e infelicidad de una sociedad.

Mala suerte: Meterle mala voluntad a lo que de por si ya va mal.

Todos somos esclavos de nuestra mortalidad.

Hay algo que embrutece a cualquiera
y es el no tener un Norte.

Ayudar sería más fácil si quienes reciben ayuda
fueran conscientes del esfuerzo que deben hacer los que ayudan.
Los subsidios no funcionan en cuanto el que los recibe
no entiende que no son gratis.

Los políticos populistas y corruptos son los primeros en desear
que la pobreza se expanda a perpetuidad.

El matrimonio consiste en tener la voluntad
de permanecer casado.

Quienes terminan de educar a un hombre son su esposa e hijos.

La vida está hecha de las pequeñas cosas.

Que engaño el creer que la recursividad compensa defectos.

El problema de los defectos
es que aumentan con el tiempo.

Un mundo mejor se hace prefiriendo la responsabilidad
sobre la tranquilidad.

Nada más injusto y profano
que las injusticias cometidas a nombre de la justicia.

En la vida hay que ser ingenioso
así sea al menos para cometer nuevos errores.

No hay nada más ineficiente que hacer muy bien
aquello que no tenía que hacerse.

No da tanta vergüenza los gobernantes que tenemos
como los electores que los eligen.

El mal periodista resulta detestable
por cuanto usualmente toma como propios
los éxitos de otros, a quienes no fueron capaces de apoyar
cuando batallaban para surgir.

La teoría del ejercicio de ciertos derechos es sólo teoría,
al igual que el caso de muchas obligaciones.

El problema de la disciplina ciudadana
es que cuando existen hordas de malos ciudadanos
nada ayuda a imponer el orden.

El mal periodismo tiene el triste efecto
de legitimar lo inadecuado.

La perfección estática no existe
por cuanto su espíritu es la evolución.

Excusas es lo que necesita la humanidad
para iniciar las grandes transformaciones.

Beware of those who in name of democracy
shut down all opposition.

Con respecto al subdesarrollo, el problema
es que desde que se arriba al país se siente;
y no tanto por la lamentable infraestructura
sino por la actitud y pensamiento de subdesarrollo:
El trato en cuestión.
Ni siquiera se confabulan para hacer creer lo contrario.

La verdad no soporta adornos;
la mentira, todos.

Para cosas inútiles, basta con una.

Hay que batallar para no ser vencido
por el propio afán y cansancio.

El secreto de la felicidad;
apegarse cada vez más a la gente
y menos a las cosas.

A veces creo que necesito unas vacaciones de mí mismo.

El infierno debe parecerse
a tratar de edificar la vivienda propia
con contratistas incumplidos.

La verdadera equidad social
se basa en una real oportunidad de acceso a la justicia.

El hecho de casarse significa que ahora lo regañan dos mujeres;
su madre y su esposa.

En los países en vías de desarrollo
es más notorio el hecho de que los gobiernos
no legislan lo que es de interés para la gente
tanto como lo que es de interés para el burócrata.

Del afán no solamente queda el cansancio,
al menos debiera quedar la satisfacción
de haber llegado a tiempo.

Respeto y confianza
es la base fundamental
de una relación saludable.

La inflación es el ladrón más sutil y eficiente.

Terrible es que la gran mayoría de injusticias
suceden por franca indiferencia.

La destrucción creativa hace que el capitalismo
sea la única constante revolución.

No es que algunos políticos y periodistas mientan,
sólo que tratan de evitar la verdad a toda costa.

La opinión pública y criterio general
está fabricada especialmente por aquellos
que no tienen ni lo uno ni lo otro.

Dice el revolucionario que antes de la revolución
el hombre subyugaba al hombre;
lo que el revolucionario evita decir
es que después de la revolución
realmente el hombre subyuga al hombre.

No hay nada más subjetivo que la objetividad periodística.
El periodista informa vehementemente de manera subjetiva
lo que no le consta.

Un verdadero patriota está más cerca de la verdad
que de su patria.

Lo que se carece de talento hay que compensarlo con arrojo.

Es paradójico que debiéramos democráticamente decidir
que las instituciones deben ser antidemocráticas
como única manera de mantener su independencia.

Yo no me equivoco
sino que tengo mi manera particular de acertar.

Lo bueno de estar rodeado de imbéciles
es que se sobresale por comparación.
Esto es especialmente útil
cuando se trabaja en una organización.

Lo que hace inviable a Colombia
es que estructuralmente el crimen paga.

Los colombianos, a la hora de tener fe en el país
cuentan con todo, menos con los mismos colombianos.

América, toda ella, es una suma de desuniones.

Un regalo es dar a alguien
algo que no pueda hacer por sí mismo.

Hacer lo que no había que hacer no es hazaña sino desperdicio.

Tendemos a prestar más atención
a todo aquello que tienda a confirmar nuestras sospechas.

Nada mejor que el encanto de lo sencillo y simple.
Lamentablemente, la realidad está lejos de serlo.

La simplicidad en la Ley ahuyenta la corrupción y la ineficiencia.

No defiendo verdades universales,
no tanto porque son inexistentes
sino especialmente porque son inconvenientes
para el desarrollo de las nuevas ideas.

Hay ciertos pasaportes que sólo lo son a la discriminación.

El peor villano es aquel que piensa que las circunstancias
justifican totalmente su comportamiento.

La gente se preocupa de lo que cuestan las cosas
y nunca repara en entender
que el verdadero costo proviene de no tenerlas
y no poderlas disfrutar.

El socialismo inicia con retórica populista
con un inútil viento de esperanza
para luego posarse definitivamente
sobre una cartilla de racionamiento.

La estupidez se esparce como un virus.

No es que la edad per se haga mejores negociantes.
Lo que pasa es que el tiempo ha permitido equivocarse más
y con suerte aprender de los errores.

Cierta confianza raya con la inconsciencia,
casi como la confianza de los neonatos hacia sus padres.

Los inadecuados terminarán por dejarnos sin derechos,
dado que la sociedad en lugar de hacer algo específico con estos
cree que es mejor castigar a todos.

Sometimes I just prefer rumors;
facts may be misleading!

Hay que saber reconocer la virtud del silencio.

El periodista debe tratar con respeto la noticia
para que esta sea tan clara y objetiva como sea posible.

Sin llamarnos a engaños;
lo mejor del trabajo y los estudios son las vacaciones.

2009

II. Andanzas

Ser valiente no significa dejar de tener miedo
sino a pesar de este arriesgarse a lograr los objetivos.

No hay nada más antinatural que la igualdad.

Hasta con los enemigos hay que ser honestos
para poderles indicar que lo son.

Lo mejor de cualquier viaje es llegar a casa.

La persona más peligrosa
es aquella que no tiene nada que perder.

La pobreza espiritual se puede vencer,
y seguramente la material, una vez se es consciente
que no es necesario que al otro le vaya mal
para que a usted le vaya bien.

La TV y el Internet son profesores siempre dispuestos a enseñar.
No preocupa tanto su disposición como el contenido.

El problema no es que no aprendamos,
sino que aprendemos demasiado lento.

No es que pocas cosas me molesten,
lo que pasa es que permito que pocas cosas me molesten.

Aplicar estrictamente la Ley
sin considerar su espíritu
resulta en decadencia de la civilización
y una afrenta contra la más básica inteligencia.

No sé como hacen las personas inteligentes
para soportar las bobadas que hacen y dicen los mentecatos.

Desobedecer ante una Ley injusta
es indicio de civilidad.

El deber ser de la política es el arte de lo posible,
sin embargo en la práctica
se convierte en el arte de prometer lo imposible.

No es la vida la que nos desilusiona
sino las personas y su comportamiento.

La miseria humana la edifican las manos de los ineptos.
Estas manos son sorprendentemente numerosas y diligentes.

Es preocupante que a lo largo de la historia humana
ha habido mucha más injusticia que justicia.

Maybe the only things you own are your thoughts.

Parece ser mejor una democracia imperfecta
que un totalitarismo prometedor.

No siempre te entiendo,
pero siempre te amo.

Nuestros sueños evolucionan
más rápido que nosotros.

A la naturaleza no le interesa la inteligencia,
únicamente le es menester la supervivencia.

Somos
lo que hacemos.

El pobre no entiende que será aún más pobre
si elige al demagogo.

No hay nada más fácil
que encontrar con quien pelear.

La buena práctica política
consta no de la profundidad en el análisis
sino en lo elemental de la aritmética económica.

Todos terminamos por detestar el despertador.

La naturaleza es lo menos democrática e igualitaria.

La estupidez es contagiosa.
Por el contrario, hay mucha gente inmune a la inteligencia.

Hope is our only choice.

Cuánto de la burocracia y excesivo control
se debe a la deshonestidad de los inadecuados.

Nada más lejos de la realidad que el deber ser de las cosas.

Los recuerdos son la vida.

Ser prudente no significa ser miedoso,
mientras que tomar riesgos innecesarios
topa con la bobería.

La política no sólo consiste en saber qué se quiere,
sino principalmente en entender cuál es el camino
y cómo debe hacerse. Usualmente, los políticos únicamente
se concentran en hablar de los lugares comunes
de lo que se quiere y jamás del cómo;
por eso cada vez nos alejamos más del deber ser de las cosas.

Sigo teniendo fe en el futuro de la humanidad
porque hay personas excepcionales y testarudas
empeñadas en hacer el bien.

Del afán no quedan
sino los accidentes y los malos negocios.

La política esta sitiada por el oportunismo.

La verdad no tiene contemplaciones.

En Colombia todo pasa
y nada pasa.

Telling the story right is more important than the story itself.

La autoridad per se suele ser incompetente.

Darle autoridad a los que nunca la han tenido
usualmente genera de manera instantánea
personas autoritarias sin ningún criterio.

Si el Estado insiste en hacer Leyes para tarados
está propiciando que los ciudadanos así se comporten.

El caos citadino y su tráfico mortal
es producto de cretinos y tarados.
No estoy diciendo que en otros lados no haya ineptos,
lo que pasa es que acá no sólo nos tocaron la gran mayoría
sino los más egoístas.

En cuestiones de liderazgo,
muchos hablan y pocos se remangan.

Para que una autoridad sea respetada
lo primero es que tenga criterio. Una autoridad sin criterio,
no sólo es majadera en sí misma,
sino que ejerce per se la injusticia.

Life is difficult because of the constant change,
which is a fact; accept it.

El egoísmo no sólo es vil en su fundamento,
sino que termina por destruir a quien lo ejerce.

Lo que la gente considera gasto útil
muchas veces es simple despilfarro.

Behaviors are choices.

Perfect practice makes perfect,
same as bad practice makes disasters.

Behaviors are neither good nor bad;
they are appropriate or inappropriate. Bottom line:
they are effective or ineffective.

Having a strategy,
any strategy,
is invaluable in the long term.

Leaders should be in the business of making good people better.

El uso de la lógica
daña las relaciones.

At the end of the day,
it is how much love you carry in your heart;
and how much you have in your pocket.

La corta memoria del ciudadano
olvida a quienes han hecho patria y elige a demagogos.

¿Quién,
si no el ciudadano es responsable de su Gobierno?

Lo que salva a la humanidad
es su innata capacidad de sorprender y proponer.

La verdad es lo que hacemos.

Tras el invento de la rueda y la vela
era inevitable la globalización.

The formation of a leader
is a long term process.

En política, ganar por estrecho margen,
es perder.

El buen servicio
genera valor de manera instantánea.

Accidentarse y sobrevivir no es hazaña;
la hazaña es no accidentarse.

En la medida que los educadores sean capaces de dejar
recuerdos cada vez más pronto en las mentes de los niños
estos tendrán la posibilidad de ser más inteligentes
que sus antecesores.

Una sociedad está perdida y desencuadernada
cuando los delincuentes de ayer son los moralistas de hoy.

Los imbéciles no se dan cuenta que algunas veces son útiles
a quienes les están intentando hacer el mal.

Hablar de paz es fácil cuando enfrente suyo
no tiene usted a quien causa la agresión.

Quien no aprecia su libertad,
no sólo no la merece,
sino que está muy próximo a perderla
a causa de los inadecuados.

Nada más inútil que esfuerzos bien intencionados
pero mal direccionados.

Con el tiempo me he dado cuenta
que lo mejor que tengo es mi familia y amigos.

Cuando a la justicia no se le pueden criticar sus fallos
es un síntoma de que esta ni es justa ni es ecuánime.

Hay ineptos que creen
que los discursos solucionan problemas.

La guerra es la peor peste;
venga de donde venga y por los motivos que sea.

Con imposición;
ni el cielo.

Nuestro destino es estar en movimiento.

Un pueblo sin educación
es caldo de cultivo para las dictaduras de oprobio.

El periodista debe ser tranquilo y objetivo.

La democracia ha generado una falsa ilusión de igualdad
haciendo a un lado la realidad, de que por fortuna,
todos somos diferentes.

Hay individuos que no cometen más equivocaciones
por simple restricción de tiempo.

Un juez pusilánime es peor que uno corrupto.

Un mal jefe
insubordina a su subalterno.

Solamente los liderados pueden reconocer el liderazgo.

Cuando se tiene claridad sobre la meta,
el camino se hace más fácil...
y lo otro es insistir, insistir e insistir...

La suerte y atinar en el tiempo
son componentes fundamentales de la política.

Es un hecho:
Queramos o no;
nos equivocamos.

It is the right person
when being with that person
makes you the best you can be.

Los jueces fallan en abstracto
y los senadores legislan en abstracto,
y en la práctica son argumentos abstractos
con consecuencias sangrientamente reales.

Prohibition does not create a country of virtue
but a nation of delinquents.

People do not understand
that they cannot make decisions
for things which consequences
they are not responsible.

Politics is everything.
The key is to show more
even if that means doing less.

Give somebody a PC
and they will start to create more work for others
than really solving the problems that need to be solved.

If there is no reliable information,
speculation will take its place.

Problems are not puzzles anymore;
they appear to be more of a mystery.
And mysteries have many solutions and possibilities.

The flaw with USA's service is that good service does not mean,
asking over and over if something is good.
Because annoying the customer is bad service.

La suma de días felices es lo que hace una vida feliz.

El único requisito para ser periodista
es ser ignorante.

Un pueblo que cambia su libertad
por las promesas de bienestar de un dictador
se despide de su libertad y entierra su bienestar.

Para hacerse su propio infierno
no se requiere ayuda de nadie.

Life is about learning to negotiate with others and also with you.
For life is a continuous and endless negotiation.

Politicians are always doing what they are supposed to do;
focusing the responsibility on someone else
rather than themselves.

You remember best
what you did wrong.

Un secreto de la felicidad
es tener quien limpie y organice
el desorden que uno produce.

Lo mejor que cualquiera puede hacer por la gente que ama
es cuidar su propia salud.

Lo importante es estar cometiendo nuevos errores
y no los mismos.

Leadership is defined
through actions.

Un buen trabajo radica en tener un buen líder.

When looking for a job
people should actually be looking for a good leader,
not just a role.

Si hay algo reparable es la vergüenza.

Sólo Dios puede detener a un hombre
con una causa en su corazón.

A los países en vías de desarrollo no sólo les convendría,
sino que les saldría más barato,
el llevar a todos sus ciudadanos
a visitar los países del primer mundo
para así enseñarles
que las elementales normas de comportamiento
hacen menos caótica e insufrible la vida en las ciudades.

Es desesperante y agotador
el tiempo perdido en el anárquico tránsito
y haciendo filas para realizar trámites innecesarios.

La crisis es el mejor catalizador para el aprendizaje.

En cuestión de obras de infraestructura
únicamente se le debe creer a la dialéctica del buldócer.

El bandido y sus fechorías hastían,
pero hastía más la indolencia de la sociedad ante estas.

La generalidad es que todo es particular.

Nadie es buen juez de sí mismo.

Una sociedad está perdida en su fundamento
si para el ciudadano promedio es mayor premio
joder al otro que ganar.

Individual freedom is always the first casualty in any war.
The worst part is how people applaud their loss
in the name of pseudo democracy.

Nada más intolerante y dictatorial
que los regímenes comunistas y quienes los defienden.

El escritor no justifica; sólo escribe.
El que justifica es el lector.

Fallamos como sociedad porque no tenemos
una visión de futuro y mucho menos valores compartidos.
Y de existir los valores no se premian ni se reconocen.

Los ciudadanos elogian los gobiernos populistas
sin enterarse que pronto estarán bajo el yugo
de un estado absolutista.

Legislar sobre lo esencial
no parece ser prioridad de los senados de las repúblicas.
Sólo les llama la atención lo clerical.
Aún más grave
es que las cortes le hagan competencia a los senados.

Si el foco en lo fundamental no es menester de la sociedad,
ni de su congreso, jueces, gobierno o periodistas;
los males se afianzan.

No se sorprenda de los resultados
si dejó la tarea
en manos de incompetentes.

Quitarle el tiempo a la gente
es robarle la vida.

Lo conveniente de sonreír,
es que el día que no lo hagas
al menos la gente te preguntará qué te pasa.

No es que cambiemos,
lo que pasa es que nos volvemos viejos.

Nos hacemos viejos
el día que nuestro cuerpo y salud
no nos responden a lo que queremos hacer.

Lo que los demás recuerdan de nosotros, no es a nosotros,
sino lo que sus recuerdos recuerdan.

El problema de las malas costumbres
es que se vuelvan costumbre.

Yo siempre perdono;
lo que pasa es que me acuerdo y me da rabia.

Uno debería ser dueño únicamente de lo que ama.

Love is the ultimate responsibility.

La juventud nos da cierta sensación de inmortalidad.

El camino hacia el conocimiento
no puede ser martirio.

La justicia, no sólo es el primer menester,
sino el fundamento de cualquier sociedad.

Lo único popular de ciertos regímenes que pregonan serlo,
es la injusticia y la desgracia.

La fuerza de la razón
es la más débil de todas.

Las definiciones absolutas no existen;
siempre deben ser sujetas a análisis.

Ignorar lo sustantivo para centrarse en lo trivial
es causa raíz de la desgracia.

La historia siempre le otorga otra oportunidad a los individuos.
Nadie, no sólo no es profeta en su tierra, sino en su tiempo.

Vender esperanza a la gente es el mejor negocio.

El ciudadano que no participa,
no entiende que a costa de su bienestar y el de sus hijos,
la corrupción se alimenta vorazmente.

La violencia tiene como cohorte a la corrupción,
la ineficiencia y el caos.

El soldado es su honor.

El que los ciudadanos de bien
terminen pagando con su tiempo y recursos
lo que hacen los inadecuados
menoscaba el propósito de una sociedad.

Hay que exhortar a la gente a leer, así sea lo de uno.

Peace should be its own reward.

La paz y el progreso no se logran con retórica.

Definitivamente lo mío no es dejar de insistir.

La felicidad es una opción de vida.

La historia y la ciencia son provisionales
por cuanto en la medida que se conoce nueva evidencia
estas evolucionan.

El problema de la historia es que nunca se cuenta completa.

La sociedad no entiende que al reivindicar a los inadecuados,
no sólo genera más
sino que va eliminando las ya pocas libertades de los justos.

Repetir el argumento no lo mejora.

Proponer y actuar es liderar.

Somos víctimas de nuestra propia realidad.

Nada mejor para reír que las payasadas que dicen
los políticos populistas. Y realmente serían más graciosas
si por desgracia no fueran intenciones ciertas.

Ante la imposibilidad de mitigar el peligro,
lo mejor es ignorarlo por completo.

La democracia es todo lo contrario a la unanimidad electoral.

Nada más transitorio que una política de Estado.

Los totalitarios, cuando buscan el poder,
son los primeros en decir
que nunca hay suficiente libertad de expresión
para proponer sus tesis. Una vez en el poder,
son los primeros en eliminar todas libertades de sus opositores.

En búsqueda de la inexistente igualdad, la sociedad
acrecienta la desigualdad
al darle prioridad a algunos pocos.

Por lo general, los hombres empiezan
a invocar más a Dios cuando se casan.
Ni hablar cuando se convierten en padres.

Las adicciones
nos roban la libertad.

No es la vida la que tiene sentido;
es el ser humano el que le da sentido a la vida.

Lo que para nosotros rara vez requiere explicación,
para otros es casi incomprensible.

Ante la vida de los otros
solemos ser jueces
en lugar de testigos
y viceversa ante la propia.

Mucha precisión
lleva a la imprecisión.

Nada más fácil que pedir perdón
cuando no nos sentimos culpables.

Que felicidad es poder hacer feliz a alguien
siendo feliz haciéndolo.

Es la curiosidad el mayor talento,
tanto constructivo como destructivo,
que el ser humano posee.

Curiosity is the foundation
of creation and innovation.

Por más que así lo creamos,
la cantaleta no repara los daños.

La vida son opciones.

People forget that brains and hearts
are always mobile.

Dicen que el ser humano
es capaz de hacer todo lo que se propone:
Es exactamente eso lo que a veces me preocupa.

El liderazgo
es la capacidad de transformarse
a sí mismo y al entorno.

Lo trágico de la democracia es que los ciudadanos
no se dan ni por enterados el costo
de elegir demagogos y tiranos.

Con la calidad del periodismo actual,
decir que el historiador es el periodista de la historia,
no sólo es injusto con el historiador
sino infame con la historia.

We become what we think,
and our thoughts create our world.

We, the thinkers,
begin responding like automatons.

Get to the point...now!

Hay personas que no nos parecen tan malas
simplemente por el hecho que no las tenemos tan cerca.

La vida debe vivirse
con sentimientos encontrados de alegría y felicidad.

Parte esencial de la justicia
es que actúe con prontitud.

Generalmente sólo sabemos apreciar las cosas en retrospectiva.

La vida, como venga,
hay que tomarla siempre con muy buen sentido del humor.

Se enseña con el ejemplo.

Para un buen consejo sólo se requiere sentido común.

Las crisis se solucionan con astucia, inteligencia y razón.

El matrimonio significa el perdonar todos los días.

Escuchar es el primer signo de compasión.

Con toda seguridad no somos fuente de todas las soluciones,
así que al menos no debemos ser fuente de todos los problemas.

El demagogo tiene la misma capacidad para gobernar
que tiene el crítico para ejecutar.

Que no se entere no significa que no esté pasando.

El problema de los miedos
es que el hecho de tanto pensar en ellos los torna realidad.

Sin reciprocidad,
la fidelidad no sólo es indigna para quien la recibe
sino patética para quien la otorga.

El problema del radicalismo
es cuando la radicalización se vuelve en nuestra contra.

La radicalización
es el seguro camino hacia la amargura.

Triste que lo peor de uno
sean los demás.

Las emergencias ponen al desnudo
las ineptitudes e improvisaciones.

A vivir se aprende viviendo:
No hay sustituto.

Las restricciones
son la fuente de la creatividad.

Me hubiera gustado que creyeras en mí
especialmente cuando yo no creía en mí.

La libertad la merece
quien la aprecia.

Es una bendición poder hacer feliz
a quien uno quiere
siendo tal como se es.

El problema de la guerra
es que no tiene plazo fijo.

Thank you for being there
even when I am not.

Yo soy feliz porque quiero,
no por mis circunstancias.

Business is not about who your competition is.
It is all about understanding who your customer is
and satisfying its needs.

Some people act like the devil
within the devil.

Si no se es capaz de disfrutar el camino,
la meta no se merece.

Que dicha es la bendición
de ser fundamentalmente feliz.

Cuando los políticos sólo hablan de lo parroquial
es obligación del periodismo insistir
en los temas importantes de un país.
Si tanto a la política y al periodismo
les interesa únicamente lo parroquial,
el país está perdido.

Cada cual no solamente es responsable
sino el autor de su felicidad.

La interrogante al sentido de la vida ha de responderse
con acciones y no con palabras.

La capacidad de ser feliz es algo,
que por fortuna,
puede aprenderse.

Los accidentes suelen ser la forma del inconsciente
de hacer realidad
las excusas.

Voy a dejar de preguntar; ¿Les parece?

A muchos se les olvida
que ni la salud ni el tiempo
pueden almacenarse.

Quiero hacerte feliz
siendo feliz.

2010

III. Travesías

La generosidad siempre es el mejor camino.

El mal gusto es algo que es mejor dejar para la privacidad.

El hecho de aprender a vivir en el presente
nos aleja de los miedos del pasado y el futuro.

Donde hay de lo más
también hay de lo menos.

Se debe prestar más atención
a lo que no se dice
que a lo que se dice.

Defender a quienes defienden el estado de derecho,
y por ende nos defienden,
resulta lo mínimo por reciprocidad y vital por supervivencia.

Lo natural y obvio es que ningún lugar
estuviera vedado para un ciudadano de bien.

El objetivo de los estados totalitarios
al tratar de destruir el núcleo familiar
es el de individualizar a toda la población
de tal manera que los convierta en una masa amorfa.

Frecuentemente no se es consciente
de lo importante que somos para las otras personas.

El camino y sus retos
son los que hacen al héroe.

Nadie puede ser desdichado teniendo salud y amigos.

Si hay algo con verdadero impacto social
es la construcción de infraestructura.

El verdadero líder y maestro
es aquel que enseña a los demás
a pensar por sí mismos
y desarrollar su propio criterio.

Se es
lo que se da.

Realizar en lugar de idealizar.

Las cosas hay que defenderlas
cuando aún son defendibles.

Es esencial entender si algo es ayuda o un obstáculo.

El único sentido en la vida es ser feliz
haciendo feliz a la gente que se quiere.

En una familia los que requieren ser mejor educados
son los padres.

El mejor administrador es una buena madre.

Madurez es ser responsable de uno mismo.
Y ser responsable es cuidar de manera diligente todo su ser.

Things are usually easy to say and difficult to do.

La globalización es el héroe, no el villano,
de la gesta contra la miseria.
El villano siempre es y ha sido la corrupción.

Las teocracias pretenden que creamos
que los pseudo profetas son más sabios que Dios.

Para que algo pueda ser prohibido de hecho,
debe estar prohibido
a todo lo largo de su cadena de abastecimiento;
de lo contrario sólo genera valor a sus eslabones más riesgosos
y mejor sería para la sociedad legalizarlo todo.

Ante la incapacidad del Estado
de hacer cumplir las leyes esenciales,
este opta por hacer más leyes.
Como si hacer leyes generara su cumplimiento.

Nadie puede hacer feliz a nadie
si no es feliz primero consigo mismo.

Desde luego que vivir es riesgoso,
pero si no quiere arriesgarse la respuesta es simple.

Las ideas son de quien las ejecuta.

La ciudad de hoy es el digno espejo
de la competencia de sus gobernantes.

Lo más natural sería que como seres humanos
no permitiéramos la violación a los derechos humanos.

Siempre es más valioso e importante
anticipar que reaccionar.

Vivir la historia no es lo mismo que entenderla.

Se redactan leyes para ángeles
olvidando nuestra calidad de humanos.

El apego a los extremos genera sufrimiento.

Lo que diferencia a los países desarrollados de los que no lo son,
no son sus problemas, sino sus soluciones.

Al instrumento
no se le debe permitir apoderarse de su dueño.

A leader calls to reflection and to action.

Un error no se arregla con otro.

La verdad no debería
ni sorprender ni ofender.

La felicidad no sólo es una responsabilidad individual
sino un deber social.

Lo importante no es quién lo dijo
sino si uno lo entiende.

Los que más se creen son los que menos son.

Para que la seguridad sea un bien social
se requiere que las fuerzas del estado
nos cuiden a todos por igual
y que no se destinen la mayoría de recursos
a cuidar a unos pocos.

Respetar la verdad es respetar la justicia.

La inexperiencia de los padres primerizos
hace aún más milagrosa la vida.

El comunismo detesta el progreso, la libertad,
el desarrollo económico y el buen gobierno
porque demuestran su incompetencia y demagogia.

Lo primero es estar seguro de sus inseguridades.

Cuando los países en desarrollo
observan a los países en vías de desarrollo,
usualmente olvidan que hace no mucho tiempo
estaban en peores circunstancias
por causa de guerras y tragedias.

Todas las naciones fueron igual de salvajes en algún tiempo.

¿Son otros tiempos y hemos aprendido de los errores del pasado?
Ni lo uno, y mucho menos lo otro.

Negar la verdad no la elimina.

El demagogo se solaza ante su visión de perpetuar la miseria
porque es la forma de lograr que el incauto elector
continúe creyendo en sus falsas promesas.

Un Estado que no es capaz de proteger a su gente,
aún no es un Estado.

El ciudadano, casi siempre, conoce dónde están los peligros;
a diferencia de las autoridades para las cuales
todo resulta un misterio.

El éxito de cualquier relación
radica en que tan alineados
están los gustos e intereses de las partes.

De lo más costoso
resulta la pasividad.

El egoísmo individual
genera la sumisión colectiva.

Olvidar la naturaleza humana y sus consecuencias
no es sólo inútil sino torpe.

La humanidad no es ni el mejor
ni el peor de sus individuos.

Una de las causas raíz del subdesarrollo,
es que la gente prefiere dejar de tener
con tal de que le quiten también a los demás.

What the government misses to understand
is that prohibitions create
excellent business opportunities for crooks.

En política jamás pasa de moda la falta de foco
en los reales problemas y sus soluciones.

El que los jueces por el mismo acto sentencien diferente
es síntoma de injusticia.

Con uno o dos sentidos que se colmen,
todo parece más prodigioso.

Con amor y ganas todo es posible.

La felicidad es el camino.

La gente no se alimenta ni de discursos ni de promesas.

El incauto elector no entiende que su bolsillo
y a costa de sacrificar el futuro de sus hijos
se pagarán las promesas que hace el político populista.
Lo triste es que el dinero se gasta
sin que las promesas se cumplan.

En Colombia hay hechos sin consecuencias.

Como en el progreso lo menos importante es el pasado,
el político demagogo se concentra decididamente en este.

Para cualquiera es una tranquilidad
rodearse de personas que dicen la verdad.

Creo que el mundo debería acostumbrarse
a escuchar la verdad.

Son sus acciones las que definen a un ser humano.

El progreso, la justicia y la seguridad,
si bien son bienes políticos,
lejos son de ser propiedad de un partido.
Usualmente son los partidos demagogos
quienes demandan su autoría.

Seríamos más felices si los problemas individuales
tuvieran solución anónima.

La prioridad de un líder
es formar a su reemplazo.

El problema de la justicia politizada
es que por el mismo acto condena a algunos
mientras premia a otros.

Que felicidad es la vida
con la esperanza que otorga el poder hacer feliz
a quien uno ama siendo tal como se es.

Use what you have learn in life to have a better life.
Do not just ignore it.

En la vida hay que librarse de obsesiones
para ser más libres.

Las organizaciones son una mezcla
de la incongruencia de metas y la lucha por el poder.

Los mejores regalos
son aquellos que se pueden compartir.

Si en una relación una parte es la que siempre cede,
entonces no se trata de una buena relación.

Un mundo mejor se construye gozando de la plena libertad
con plena responsabilidad.

Al decidir es tan importante lo que se hace
como lo que se deja atrás.

La felicidad que da tener mala memoria
es inigualable.

Una cosa es la obligación social de ayudar a los desprotegidos,
y otra, la de tener que financiar a los irresponsables y corruptos.

Los espejos
son ojos que olvidan.

Estoy convencido que las cosas
deberían hacerse sólo de una manera;
la mejor manera.

Intentar cambiar la esencia no sólo es un error
sino un imposible.

La sanción es parte de la formación.

La mala educación siempre es de pésimo recibo y resultado.

La gente quiere y necesita ser gobernada
por verdaderos ejecutores y no por partidos políticos.

Tengo la fortuna de ser comprendido
por los lectores inteligentes.

The best thing of being me is having you.

Todas la naciones e individuos claman por libertad;
la primera libertad que hay que reclamar
es la de liberarse de la propia tontería.

Una sociedad más pacífica y armónica
nos costaría mucho menos y sería de gran valor,
especialmente para nuestros nietos.

La sociedad está perdida
cuando a nadie le duele el estancamiento
y la falta de progreso.

La gente concluye sin ser coherentes
con las consecuencias de tal conclusión.

Cuando la justicia no lo es tal,
la patria es inexistente.

En la medida que escribo,
olvido.

La sinceridad no protege de la infelicidad.

La gente dice lo que dice
por ser quienes son.

De lo que menos somos inocentes
es de nuestros sentimientos.

En lugar de elegir a quien lo salve,
el pueblo elige a quien lo lleva al cadalso.

Entre más cierto,
más es despreciado por el tonto.

La vida y la felicidad
son su propio motivo y finalidad.

Lo más grave de la tontería
es que ni siquiera genera dudas.

Obrar desde la conciencia resulta en autocuidado y porvenir.

Parece obvio que somos el resultado de lo que somos y hacemos.
Lo que no es obvio es la forma como somos conscientes
de lo que somos y hacemos.

Nos empezamos a parecer
a la gente y al ambiente del cual nos rodeamos.

En una relación,
la falta de interés de uno no es compensada
por el mucho interés del otro.
Así como las debilidades de uno,
no son compensadas por las fortalezas del otro.

No hay patria
cuando nadie se identifica con nadie.

La justicia es una farsa
cuando se aplican principios inoperantes
a una realidad escalofriante.

La efectividad de un líder
está en su capacidad de integrar.

El periodista debe informar verazmente.
La sociedad espera que el periodista escoja
ser veraz antes que informar.

La felicidad y el cumplimiento de los sueños
debe ser la rosa de los vientos de la vida.

Al final del día, hacemos lo que hacemos,
para que nos quieran cada día un poco más.

Que felicidad
es amar
con total admiración.

Cuando una nación es incapaz de hacer cumplir la Ley,
el político populista y el juez negligente
concluyen que el problema debe ser la Ley.

Quien lucha por su felicidad
se la merece.

Para que una nación los sea,
las decisiones de los políticos y la justicia
deben ser tan valientes como las acciones de su ejército.

A la vida siempre hay que ponerle buena voluntad.

Hacerme
un bien
a ti.

Parte del encanto
es tener falencias.

Una teoría que sostenga que un buen gobernante
debería concentrar todos los poderes,
falla en su premisa tanto como en su conclusión.

La inflación, la inseguridad y la falta de oportunidades
son aún más crueles en la población de escasos recursos.
Irónico que sea esta misma gente quien elija
a los políticos demagogos que se encargan
de despojarlos de todo a ellos y a las siguientes generaciones.

Con amor y paciencia todo es posible.

La inteligencia es inversamente proporcional
a la capacidad de escuchar estupideces.

La función del periodista
es lograr que el público entienda al entrevistado,
no destruirlo.

El afán
es contradictorio a la elegancia.

Es tan corrupto el que roba dinero
como el que roba sueños.

Es muy difícil querer a alguien
que no quiere que lo quieran.

Balancear las cargas es en la práctica
repartir el desgaste de manera homogénea.

Acaso hay otra forma sino hacer las cosas
con todo el entusiasmo y pasión.

Antes se pensaba que tanto La Tierra como el universo
eran planos; ninguno lo es.
Claramente lo único plano
ha sido la forma de pensar de la humanidad.

La guerra no se pelea ni se gana por ley.

Grave cuando la justicia en lugar de sentencias
emite comunicados de prensa.

Es proeza no dejarse irritar por la falta de criterio.

El político demagogo y el periodista inútil
se deleitan en la capacidad de aguante del pueblo sumiso.

Respeto las leyes
que me respetan.

Pocos entienden el daño que causa la ignorancia.

Tratar de huir del destino
únicamente lo sella.

La capacidad humana para sentirse culpable es infinita.

Se le cree a quien nos da la razón.
Quien nos da la razón ya tiene
parte esencial de nuestra confianza.

Justice tastes like heaven.

El problema no es tanto si las cosas se le dan al que las necesita
sino que realmente casi nunca se le dan al que las merece.

Lo fundamental
es el mejor filtro.

Si tú crees en mí,
yo creo más en mí.

A la gente que es idiota, déjala ser idiota;
no te les unas.

Irónico que mientras más serios son los problemas de un país,
menos serios son sus dirigentes.

Un líder es responsable por su gente en las buenas
y especialmente en las malas.

Si el juez no conoce la realidad que juzga
sus sentencias siempre serán injustas.

Con los bandazos que se dan en la política de progreso,
casi siempre se cometen errores mucho peores
a los que se quieren corregir.

Quien nada espera
nunca se desilusiona.

Para que exista un matrimonio feliz y duradero,
ambas personas deben realmente compartir lo esencial;
aquello que es tan vital como el aire que respiran.

Es importante entender la necesidad fundamental
del espacio y tiempo vital personal.

El éxito es una mezcla de inteligencia y propósito.
A falta de inteligencia bueno es el propósito.

Para generar innovación
no hay que pensar en cómo hacer la tarea más eficientemente
sino como disolver el hecho de tener que hacerla.

Es mejor haberse equivocado por haber tomado acción
que hacerlo por inacción.

Quienes no se han expuesto a las realidades
juzgan con rapidez.

La filosofía de que los males no son tan infames
mientras otros los padezcan, es moralmente inaceptable.

Happy people are the only ones that can dream big.

We need to acquire
the vice of really being ourselves.

El gusto y la pasión
son siempre más importantes que el conocimiento.

La única forma de que la cosas tengan sentido
es llegando a la razón a través de la emoción.

Quien piensa lo peor pocas veces se desilusiona.

Se puede medir a la persona por la precisión de sus palabras.

La justicia parcializada no puede ser un espectáculo para nadie.

Ante justicias parcializadas
la única forma de probar la inocencia
es huyendo.

La ineficiencia estructural
solamente puede vencerse con creatividad.
Adicionar más recursos a la ineficiencia estructural
sólo la prolonga.

Es más valioso recuperar a un amigo perdido
que hacerse a uno nuevo.

El futbol y la conducción
hacen aflorar los peores sentimientos en algunos seres humanos.

Quien está enamorado
lo sabe tanto como cualquiera sabe que su corazón late.

Cuando nada llena ni compensa
la única respuesta es el amor.

El amor, al igual que la felicidad,
son su propio medio y su propio fin.

Amor sin deseo
es menos que un capricho.

La gente no se da ni por enterada
que ser mejor persona
no solamente no cuesta más
sino que es muy fácil.

Lo esencial es lo esencial
y no tiene sustitutos.

Para aprender
hay que mantener la persistencia de los niños.

Sabio es quien logra cumplir sus sueños.

La gente tiende a ser más liberal
ofreciendo que otorgando.

Locura es no hacer lo necesario
para ser feliz.

El problema de fondo siempre radica
en no hacerse las preguntas correctas.

La vida es más agradable cuando tienes con quien compartirla.
Y compartirla es que realmente esa persona
comparta la misma esencia.

La libertad individual es la fuente del progreso.

Es increíble que de la persona que uno menos espera
es la que te arranca millones de sonrisas
cuando tu alma se siente apagada.

Si no encuentras tu lugar,
lo más probable es que tu lugar
esté aún más distante en el tiempo.

Pretender escapar a la esencia
no es más que una necedad.

Cada cual es amo y esclavo de sus miedos.

Parte fundamental de una buena decisión
es que se tome con oportunidad.

Hay que preparase para lo peor
y esperar siempre lo mejor.

Informar, al igual que quejarse sin proponer,
no es sólo necio sino inútil.

In creative hands, restrictions are the tools,
raw materials and the catalysts for innovation.

Es peligroso
subestimar la torpeza e inutilidad
de los ignorantes
y faltos de criterio.

La gran mayoría de aspectos de la vida
no tienen más remedio que ser vividos:
No hay explicación que enseñe a vivir.

Los legisladores y jueces incautos
no entienden que prohibir sin dar opciones
genera que la gente incumpla la prohibición.

La felicidad es egoísta.

Knowing someone too much
may jeopardize the relationship.

La verdadera sabiduría
está en tomar las acciones adecuadas
para que las cosas sucedan.

Happiness is not a given,
it is yours to take.

Si en ocasiones hay que ser distantes
de las opiniones de quienes nos aprecian,
con mayor razón hay que serlo con quienes no.

La felicidad proviene
del interior de cada cual.

Es mejor equivocarse siguiendo al corazón
que seguir ciegamente la razón y acertar.

Debemos tomar las decisiones
desde lo que queremos.

Lo mejor que uno tiene en la vida,
es uno mismo;
y lo único.

Debemos gozar y deleitarnos con las virtudes que se tienen.

Lo que no se nota es que no es.

La persona feliz tiene la virtud de sentir las ganas de serlo
sin esfuerzo alguno.

Cada cual debe tomar conciencia de sus virtudes
y definirse en esos términos.

Dude de sí mismo,
porque son sus creencias las que lo han llevado a donde está.

Las decisiones
no pueden tomarse por miedo.

Al intentar llenar vacíos
los seres humanos cometen los peores errores.

Cuando se tiene pasión en la vida,
el cuerpo y el alma ni se cansan ni duelen.

Lo esencial
es encontrarse así mismo.

He who sees only with his eyes
is easy to fool.

Se tiende a hablar de lo que se cree.

Defender el tiempo de intimidad consigo mismo
es indispensable para conocerse.

El núcleo familiar tiene la capacidad
de ser lo más enriquecedor
o lo que más enferme al individuo.

En esencia usted consigue
lo que otros le otorgan.

La realidad
es muy distante al deber ser.

Una sociedad en la que el indulto
es directamente proporcional a la sangre derramada
sólo premia a los violentos
y castiga a los ciudadanos de bien.

Las cosas bien hechas
no pasan de moda.

El subdesarrollo se agrava porque
surgen especialistas en encontrar problemas
en lugar de encontrar soluciones.

La sabiduría
es el producto de la experiencia.

Debemos prestar más atención a las acciones que a las palabras.
La realidad son las acciones, no las palabras.

Todo está en nuestras manos;
lo mejor y lo peor.

No somos conscientes
de lo que pasamos por alto.

Ser feliz
es una tarea
diaria e inaplazable.

When people do stupid things,
the punishment for all, is more regulations.
I believe we need less regulation, not more;
as well as we need people to be smarter, not dumber.

Regulations are not a guarantee
for anything.

Madurar es ser consciente de lo que realmente importa
y actuar en concordancia.

En la democracia, el voto del ignorante
vale lo mismo que el del ciudadano pensante.
El político populista sabe que convencer ignorantes
le sale natural.

No lo sé todo,
pero al menos he acumulado alguna experiencia.

Everything should be tested through the perspective of time.

En ocasiones la mejor manera de evitar un peligro
es postergarlo.

I have no way and no intention to resist myself.
There is no point to it.

La receta del populismo
siempre ha sido la misma
y es disfrazada una y otra vez como idea progresista.
El incauto ciudadano no entiende
que esta receta es y sólo tiene como resultado la miseria.

En esta vida las únicas obligaciones
son ser feliz y no ser un pendejo.

Si la sola edad significara sabiduría
no habría tanto viejo tarado.

El egoísmo del político promedio,
no solamente hacen inviable la política
sino especialmente el progreso de la sociedad.

La ignorancia del riesgo y el peligro
son una bendición para el tonto.

Nada como la convicción que otorga la ignorancia.

Las ineficiencias en los negocios privados
son causa de quiebra;
en lo estatal
son fuente de corrupción.

La competitividad no depende ni del tamaño ni de los recursos:
Depende de la iniciativa para la innovación.

No podemos imaginar
aquello que no esté en nosotros.

No ejercer los derechos es perderlos.

2011

IV. A la Orilla del Camino

No son las palabras
sino las acciones las que importan.

Para toda guerra siempre es necesaria alguna excusa.

Inteligencia es hacer todo lo contrario
a lo que hace la masa.

Lo que nos apasiona nos rejuvenece.

Responsabilidad no sólo es hacer lo que se debe,
sino especialmente cuidarse y protegerse.

El que no quiere aprender;
la vida se encarga de enseñarle.

Más que respeto
deberíamos buscar ganarnos
la esperanza de los demás.

Para ser juez, lo principal es ser justo;
conocer la Ley no lo es todo.

Pensar libremente
siempre ha sido la aventura más peligrosa para un ser humano.

La vida es un camino
que cada cual debe caminar por sí mismo.

El reto de un líder, así como el de un maestro,
es ganarse la atención de su gente,
no obligarla.

Los grandes avances de la humanidad han sido posible gracias a
la valentía de experimentar y explorar lo nuevo,
y casi siempre en contra de las supuestas respuestas correctas.

Ni la dicha ni felicidad
son casualidad.

Nada como la armonía y la tranquilidad
que otorgan ser genuino y sin pretensiones.

Hay que confiar más en el instinto que en la razón.

La autoridad tiende a ejercerse solamente
contra la gente de bien.

Las personas que tienen contacto y cariño a los animales
tienden a vivir más.

Los subsidios deben ser vigilados,
puesto que su mal uso ocasiona que la sociedad
termine por fomentar la pereza y el despilfarro.

Descansar es hacer lo que a uno realmente le gusta.

Nada como la seguridad
que nos da sentirnos deseados por la persona que se ama.

El problema no es que los políticos
tiendan a ser obvios y malos mentirosos,
sino que el incauto elector les cree.

Innovators aren't often celebrated; not at first.

So much is often viewed as unnecessary.

Para iniciar una guerra cualquier pretexto basta.
La paz requiere casi todos los argumentos
y plenas justificaciones.

La vejez no otorga ni criterio ni madurez per se.
Lo único que si otorga a quien no madura
es una personalidad problemática.

La agresividad suele ser el recurso principal
para quien no tiene la razón.

La buena actitud es cualidad de la gente adaptable y capaz.

El secreto de la felicidad
es vivir nuestra propia esencia.

Es grave cuando el Estado trata a sus ciudadanos
como a potenciales delincuentes;
trágico cuando realmente lo son.

Mientras ser honrado no tenga incentivos
y el ser corrupto los tenga todos,
estructuralmente no podemos esperar
ni mejores gentes ni una mejor sociedad.

El deber ser
es que quien ha sido honesto
como mínimo pagara menos impuestos e hiciera menos filas,
no al contrario.

En las organizaciones,
es más fácil guiar y controlar leones
que dinosaurios.

Un líder debe tener siempre más preguntas que respuestas.

El sin sentido organizacional tiene su esplendor
cuando sus pseudo líderes imponen su ignorancia
sobre el conocimiento y experiencia
de quienes no sólo saben
sino que son los que hacen la tarea.

Gobernar es transformar la realidad presente
y materializar un mejor futuro;
no simplemente prometer.

El político populista aborrece
la explotación legal y controlada de los recursos mientras
mira siempre hacia otro lado cuando esto se hace de manera ilegal.

Purity is a good mask for corruption
because it discourages inquiry.

Exposing corruption
challenges the very nature of what a society imagines it is.

Incentives work only with people that care enough for them.

No es tan ridícula la idea de que el comunismo es progresista
como los políticos populistas que la consideran
la forma de gobierno por excelencia.
Ni hablar de los incautos electores que lo creen.

La historia ha comprobado una y otra vez que el comunismo es
sinónimo de atroces dictaduras.
Desde luego, la humanidad jamás aprende de sus errores.

Success is the result of cumulative advantages.

Enriquecer la crítica
es función del periodismo.

It is not easy to solve ethical problems
due to the centrifugal pull of responsibilities
from all the different stakeholders.

La ciencia es resultado de hacer preguntas esenciales
y perseguir apasionadamente las respuestas.

La diferencia estructural entre los individuos
y de lo que denominamos talento, es la sumatoria de ventajas
u oportunidades iniciales de la infancia.

Achievement is more about taking advantage of opportunities
than mere talent.

To talk about ethics in a general way is easy
because the contradictions of real life are absent from it.

We like to think that we are not prisoners of our past.

Success arises
from a predictable set of circumstances and opportunities;
it is not a random act.

A perfect life is next to impossible,
so as life without mistakes is not of much good either.

Creemos que los que trabajan frenéticamente en las ciudades
se ganan la vida cuando en realidad la van perdiendo.

Each of us is and will be,
to a great extent,
what we have been.

La persona incompetente resulta muy astuta
para generar caos y confusión,
y de esta manera justificar su rol.

Los políticos corruptos y populistas,
una vez electos imponen su voluntad
huyendo al debate plural y democrático
que tanto defendían como candidatos.

El problema de la estética es que todos creen tener buen gusto.

El subdesarrollo
es legítimo hijo de las improvisaciones crónicas de un país.

La historia es contundente en demostrar
que la izquierda jamás ha garantizado la democracia;
lo que evidentemente siempre ha garantizado
es el autoritarismo y la subyugación de los pueblos
a manos de déspotas y dictadores.
Y los déspotas y dictadores de izquierda, creen con toda fe,
que por ser de izquierda, ni son déspotas ni son dictadores.

Pareciera que la izquierda
solamente es capaz de producir gobiernos dictatoriales
con su tradicional consecuencia de miseria para todos.

Los padres de la patria debieran trabajar por ella
con abnegación de madres.

El subdesarrollo y la miseria
son las únicas recetas que conoce y aplica el político populista.

Se puede percibir lo justo de una causa
dependiendo de quien la apoye.

As the most practical thing for bad leaders
is to avoid solving problems;
denial and wasting their time eliminates their worries.

Las grandes obras para mejorar la humanidad
se han hecho por voluntad,
muy pocas por obligación.

La verdad, es que la verdad
no es más que una interpretación de la realidad.

La razón y lo que es menester
es todo menos democrático.

Hay naciones que se abstraen de la realidad de la globalización
y labran con delirante entusiasmo su subdesarrollo.

El problema de tanta noticia periodística en ráfaga
es que no termina la sociedad de recuperarse
cuando ya es inundada con más. Desde luego
nunca se hace posterior seguimiento con fines constructivos.

Somos la suma de nuestras acciones.

La verdad es un proceso.

No pelees siempre contra el mundo
que el mundo suele ganar.

La única manera de mejorar la productividad de una empresa
es que todos los empleados
empiecen a pensar más y 'trabajar' menos.
La actividad no agrega valor per se.

Debería preocuparle al ciudadano que el político
no toma decisiones con base en la sostenibilidad de la sociedad
sino con miope cálculo electoral.
La pasividad presente del ciudadano ante esta realidad
será lamentada por sus nietos en el futuro.

Reality hits you bluntly in the face,
again and again.

Se puede saber la planeación urbanística de una ciudad
por la cantidad de cableado aéreo.

Buscamos la perfección
en un mundo imperfecto por naturaleza.

Se legisla por la coyuntura
en lugar de hacerlo estructuralmente.

La desconfianza es el suelo más estéril.
Donde no hay confianza nada crece
y nada puede construirse.

Para un artista,
la única crítica aceptable
es la que proviene de aquellos
que han ejercido el mismo oficio.

Con la violencia, no solamente pierden las víctimas,
sino que la sociedad ya ha perdido de su redil a los victimarios.

Reality cannot be changed,
but its perception can.

A diferencia de la inteligencia,
ni la ignorancia y mucho menos la estupidez,
son conscientes de sí mismas.

La paz es algo que impone el vencedor
sobre el vencido.

La vida es el ahora y el futuro es ya.

Los sueños llaman al destino.

Un valor esencial en una sociedad
es la obediencia voluntaria de las normas.
La sociedad que no lo reconoce
está siempre al borde de la extinción.

La obediencia voluntaria de las normas no es un tema de clases;
al fin y al cabo las personas de escasos recursos
son los que más sufren cuando no existe cultura ciudadana.

Todo en la vida y el universo, por suerte,
resulta bastante más complicado.

The truth, the ugly truth,
is that we never possess anything but us.
And most of the time not even that.

Cada cual debiera ser el héroe
de su propia existencia.

Un país en donde sólo se habla de las banalidades
y no de los temas de fondo no tiene porvenir.

To really solve problems, and especially their root causes,
it is necessary to use a distinctive approach.

Todo es fácil una vez que lo entendemos.

Leaders lead best when they supervise less.

No extraña que las empresas sean ajenas a la ciencia
cuando la única literatura que consume el empleado
son correos electrónicos con nimiedades.

Quien no trabaja conscientemente
con la intención de promover un vecindario prospero
está poniendo en grave riesgo su porvenir.

Conocimiento sin práctica, no es conocimiento.

Los gobernantes que sólo prohíben
como solución a todos los problemas
son carentes de imaginación en la superficie
y tienen espíritu de déspotas en el fondo.

El que la justicia
tenga facultad para ordenar detenciones preventivas
sin que medie sentencia
es un despropósito en sí mismo.

Inconscientemente
buscamos inconscientes que nos complementan.

Ensimismarse en el trabajo
es la mejor anestesia
para no sentir el tiempo y el paso de la vida sin vivirla.

A unos buenos padres,
la sola presencia de sus hijos los hace dichosos.

Con buena infraestructura todo lugar es cercano,
alcanzable y agradable.
El político vende promesas de infraestructura
para obtener votos sin entender el daño
que le hace a la sociedad cuando incumple.

El político populista
no entiende que la adicción a los subsidios
envenena el progreso y la sostenibilidad.

Nada más anti natural que lo que no evoluciona.

Grave que lo coyuntural sea lo estructural de un sistema.

Aparte de atrevida,
la ignorancia resulta sospechosamente valiente.

Se termina creyendo en algo, así no sea cierto,
sólo porque es útil.

No tolero a los intolerantes.

Si hay que demostrar poder
es porque no se tiene.

The one that thinks that by writing emails leads;
starts from a wrong assumption:
that people really read emails.

The populist politicians
still insist that words
are much better than actions to solve problems.
Unfortunately, problems need action
to be solved and reality is blunt about it.

Diplomacy is the most powerful of the weapons
when used wisely.

La diplomacia consiste, especialmente,
en como decir no
haciendo que la contraparte lo perciba
como una mejor respuesta a un si.

Algunos sólo se interesan en exigir cumplir las leyes que los favorecen.

El error es aún más grave cuando no se aprende de él.

El fanatismo es siempre el primer obstáculo
en la búsqueda de la verdad.

Las cosas nos empiezan a hacer más falta
en la medida que es otro quien las posee.

El consumidor termina pagando
todas las ineficiencias del sistema.

Los ciudadanos eligen gobernantes
que en lugar de ofrecer soluciones imponen restricciones.
Con lo cual los incautos electores
cada vez tienen menos derechos.

En la vida hay que aprender que lo aprendido
hay que desaprenderlo para poder evolucionar.

Por amor es posible soportar hasta lo imposible.
Pero alguien que te hace soportarlo claramente no te ama.

La actitud muchas veces no es sólo lo más importante
sino lo único importante.

No tiene futuro una sociedad
que considera que el éxito honesto, la creación,
el talento y la diferencia,
tienen que sancionarse.

La estrategia principal de los dictadores,
tanto para acceder al poder como para perpetuarse en el mismo,
es la de apoyarse en las clases menos favorecidas
y desde luego mayoritarias,
para lo cual no sólo polarizan la sociedad,
sino que despilfarran
con delirante entusiasmo el dinero público,
producto de los que si pagan impuestos,
en ayudas puntuales
en lugar de soluciones estructurales.

Los derechos son derechos;
no se suplican ni se mendigan.

La historia ha demostrado
que los pueblos que son generosos y desprevenidos
con la izquierda
siempre les aguardan yugos, miserias y dictaduras.

Como el político desconoce la realidad
supone que con deformarla basta.

El gobernante populista,
en lugar de consagrarse a trabajar en profundidad
para resolver los asuntos,
dedica el tiempo a hacer discursos y dar entrevistas
en las que su fecunda imaginación
lo lleva a creer que hace una magnífica labor.
Y el periodista inútil le hace el juego
sin criticar.

La izquierda nunca promueve
a las clases medias y populares que dice representar,
y mucho menos cree en el consenso o el saber cultivado;
todo crítico le resulta un estorbo.

Ejercitar la humildad
es lo único capaz de contrarrestar
la perturbación que produce el poder.

El líder populista inventa problemas donde hay soluciones.
Así, no sólo satisface su ego
sino que deja intactos los verdaderos problemas.

2012

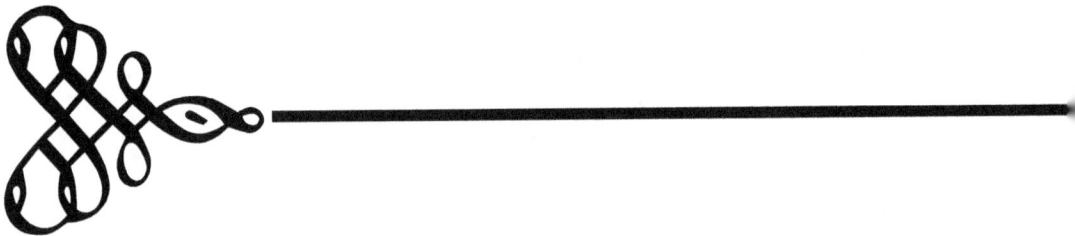

El problema de la democracia
es que obliga a elegir
entre los corruptos y los ineptos.

El gobernante populista culpa a todos,
menos a su manía improvisadora e ineptitud,
de lo que le salga mal.

Como miembro de una organización,
preocúpese de sus comportamientos,
si sus compañeros no quieren invitarlo
a su propia fiesta de despedida.

Dos malos negocios
no hacen uno bueno.

La mediocridad es legítima hija de la corrupción.

Usualmente el peso de un sátrapa
es inversamente proporcional a los esbirros de los que se rodea
para asegurar una corte de mediocres serviles,
de los que sólo espera obediencia ciega.

If you can figure out what motivates people
you can understand their behaviors.

Como en toda época,
la opinión pública es fácilmente engañada.

Los problemas de dinero
suelen ser los que más fácil solución tienen.

El más idiota
es el que secunda al idiota.

Authorities believe that by limiting citizens' rights
they are protecting them.
The incredible part is that people believe it;
the common good may be just a mirage.

La verdadera desigualdad
radica en que a algunos se les exige todo
y en cambio a otros se les tolera todo.

La política no debería estar gobernada
por la emoción ni la pasión sino por la razón.

Un artista puede empezar a sentirse exitoso
cuando lo empiezan a copiar.

El ejercicio democrático resulta
en uno de manipulación cada vez más complejo.

El político socialista es exitoso
en su empeño de privatizar el Estado para usufructuarlo,
mientras le hace creer al ciudadano
que está librando una batalla social.

Pareciera que la única manera de lograr la paz
es ganar la guerra con toda contundencia.

La humanidad siempre ha sido dueña
de sus propios
demonios y miedos.

Al periodista irresponsable
le suele interesar ante todo el escándalo
sin detenerse siquiera a examinar
la veracidad de su impugnación.

La búsqueda de la paz puede contenerlo todo
menos la premiación del delito.

No se sabe qué es más peligroso,
si el político que incumple sus promesas
o el que las cumple.

El déspota, posa de tolerante, mientras estigmatiza a sus críticos.

Lástima que los jefes en las organizaciones
sólo crean en su gente
cuando les conviene.

Existen personas que reemplazan su falta de experiencia
con imprudencia.

Se requiere más trabajo para ser infeliz
que para ser feliz.

Si algo demuestra la historia,
es que no siempre se evoluciona
en sentido positivo.

La mejor fórmula de eficiencia
es transformar un proceso en innecesario e irrelevante.

Parte fundamental de madurar
es entender que no somos islas
y cada vez necesitamos aún más de consejo y apoyo.

Los buenos recuerdos dependen de lo que vivimos
y no de lo que los demás opinen.

La esperanza es la fuerza vital.

2013

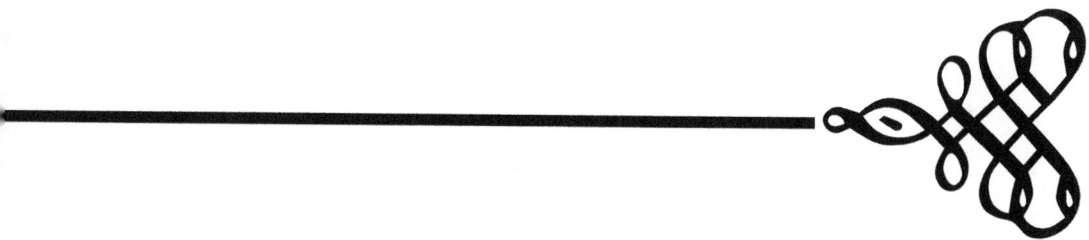

Poemas

Fortuna
Para Natalia

Contigo tengo todas las posibilidades
la posibilidad de ser
Y ser
de someterme al amor
Y ser su rehén

Contigo puedo ser
decentemente indecente
respetuosamente irrespetuoso

Tengo la posibilidad de intentar
curiosear como te verás nonagenaria

por eso ambiciono
aumentar el inventario de casualidades
para comprobar que
mi destino
y fortuna
fue hallarte
Para que finalmente
pueda ver tus ojos
en el reflejo de los míos
en los tuyos.

2007

Premoniciones

Hallarte es mi alegría
más aun,
el valor de querernos de forma
desmedida.

Encontrarte es mi razón de ser
más aun,
perfeccionar nuestra colección de
complicidades.

Hallarte es mi vida
más aun,
descubrirnos todos los días el uno en el
otro.

Encontrarnos es nuestro premio
más aun,
conservar nuestro amor
tener todo el tiempo y salud del mundo
para querernos
y licencia de Dios para amarnos sin
distracciones
lograr un futuro afín y extraordinario
más aun,
dialogando con humor en todas las
instancias y momentos
y rogando al cielo el disfrutar del tesoro
de cargar en brazos a nuestros nietos
más aun,
cumplir el plazo final,
juntos.

*"El matrimonio
nada,
Te seguiré
ya no*

Juntos
cumplir el plazo final,
más aun,
cargar en brazos a nuestros nietos
y rogando al cielo el disfrutar del tesoro
dialogando con humor en todas las
instancias y momentos
más aun,
lograr un futuro afín y extraordinario
conservar nuestro amor
para querernos
con licencia de Dios para amarnos sin
distracciones
tener todo el tiempo y salud del mundo
más aun,
encontrarnos es nuestro premio.

Descubrirnos todos los días el uno en el
otro,
más aun,
hallarte es mi vida.

Perfeccionar nuestra colección de
complicidades,
más aun,
encontrarte es mi razón de ser.

El valor de querernos de forma
desmedida,
más aun,
hallarte es mi alegría.

Premoniciones

2008

Sueño

Tenemos lo que todos desean
felicidad y tranquilidad.

Tu sueño
es mi sueño
Mi sueño
es tu sueño.

Y lo más importante
nuestro sueño
es nuestro.

2008

Para ti

Lo mío ya es locura,
locura por ti
porque pienso en ti
y te extraño
en todos los momentos
y también
entre momentos.

2008

Razones

Las razones
son muchas,
la razón es una:
dejaste de amarme.

2011

Una Rosa

Una rosa es una rosa
pero mi rosa no es cualquiera
la mía es especial
delicada por naturaleza

Es un sueño
Mi sueño
Es verdad
Es realidad

Altiva en su belleza
no tiene igual
extraordinaria a su manera
sensual todo su ser

Sueño con ella
incita mi ser
Necesito sus besos
y sentir su piel.

2012

Contenido